Conserver la couverture

ESSAIS
SUR
L'ADMINISTRATION PROVINCIALE
DES
ETATS CONSTITUTIONNELS DE L'EUROPE

PAR THIBAULT LEFEBVRE,
AVOCAT A LA COUR ROYALE DE PARIS.

ESPAGNE.

Prix : 1 fr. 50 cent.

PARIS.
JOUBERT, LIBRAIRE DE LA COUR DE CASSATION,
RUE DES GRÈS, 14, PRÈS DE LA FACULTÉ DE DROIT.

1845

ESSAI

SUR

L'ADMINISTRATION PROVINCIALE

DES ÉTATS CONSTITUTIONNELS DE L'EUROPE

DE L'ADMINISTRATION PROVINCIALE EN ESPAGNE.

La loi qui organise l'administration dans les provinces espagnoles fut rendue en des temps orageux, et ses dispositions se ressentent des défiances de l'époque. On espérait beaucoup de Ferdinand VII; il trompa les espérances de son peuple et excita contre lui une réaction, qui, légale d'abord, devint bientôt violente, et jeta l'Espagne dans le trouble et la confusion. En 1823 la révolte bouleverse le pays, l'État dérive vers la république, le monarque essaye le despotisme, une armée envahissante menace toutes les libertés. Au milieu de ces agitations et à la suite d'une émeute, les cortès imposent au roi la loi du 3 février 1823, qui organise l'administration dans les provinces. Le législateur, emporté par ses tendances secrètes et par ses craintes avouées, crut que le mal venait de l'institution, plus encore que de l'homme, et fit remonter ses précautions du monarque à la monarchie. On avait exagéré l'autorité; il énerva le pouvoir. Les gens du roi avaient abusé de la puissance exécutive, il en dota en partie les assemblées électives. Dans l'espoir de rendre impossible le retour du despotisme royal, il prépara l'avénement de l'anarchie administrative et, dans un pays monarchique, livra la conduite des affaires à des corps démocratiques. Les conséquences de son système ne tardèrent pas à se manifester.

Ces assemblées délibérantes, instituées pour agir plutôt que pour délibérer, devinrent un embarras pour le gouvernement et un centre pour la résistance. Leurs pouvoirs mal définis, et leurs attributions trop étendues facilitèrent les empiétements et amenèrent le désordre.

Liées les unes aux autres par l'origine et les tendances, organisées hiérarchiquement en dehors de l'action exécutive, elles suivirent une ligne toujours parallèle, souvent hostile à celle des hommes du pouvoir. Entre l'élément délibérant et l'élément exécutif, il y eut rivalités et luttes incessantes. Tous deux, actifs et puissants, bouleversèrent le pays.

La loi du 3 février 1823 eut le même sort que ceux dont elle était l'œuvre. Abrogée par Ferdinand VII, quand la reaction fut vaincue, elle fut rétablie par un décret du 15 octobre 1836, quand le pouvoir absolu fut tombé. Mais en la remettant en vigueur, les hommes d'État espagnols promirent de la reviser. Les craintes, sous l'empire desquelles elle avait été rendue, étaient assez loin pour qu'on désirât corriger ses vices. L'article 7 de la constitution de 1837 ainsi conçu : « Une loi réglera l'organisation et les fonctions des députations provinciales, » fit aux membres du gouvernement un devoir de cette reforme. Malheureusement les cabinets qui se sont succédé depuis 1837 n'ont eu ni les loisirs, ni la puissance de remplir le vœu de la constitution.

La loi du 3 février 1823 est restée la charte administrative des provinces ; mais elle n'en a jamais été la charte complète. Formulée à la hâte par des esprits passionnés, elle laisse indécises les questions les plus graves, et passe sous silence les points les plus importants. Le jurisconsulte qui l'explique, obligé de recourir sans cesse à des instructions, à des lois, à des décrets rendus sous des regimes différents et dans des vues opposées, est arrêté à chaque pas. Le gouvernement qui l'applique, incertain au milieu de ses lacunes, tombe fréquemment dans des embarras, dont l'arbitraire peut seul le tirer. La loi municipale de 1837 aide puissamment, il est vrai, à combler les vides de la loi provinciale de 1823. Mais souvent toutes les ressources manquent. Les dispositions législatives sont si éloignées, les institutions si différentes, l'analogie si impossible qu'on marche au hasard. En somme, il y a une législation à faire. Examinons pourtant celle qui existe.

ORGANISATION DE LA DÉPUTATION PROVINCIALE.

L'Espagne, avec les Baléares et les îles adjacentes, est divisée en quarante-neuf provinces [1]. A la tête de chaque province, il y a une députation provinciale, choisie par les électeurs, et un chef politique nommé par le gouvernement.

La province se divise en diverses circonscriptions judiciaires (*partidos judiciales*). Le *partido* forme l'unité électorale. Dans chacun, on élit un député provincial ; et la réunion des élus compose la députation. Si la province compte moins de sept *partidos*, les électeurs des circonscriptions les plus peuplées, après désignation spéciale, élisent un nombre de députés complémentaires suffisant pour en porter le total à sept. Ce minimum, déjà très-réduit, est encore trop considérable, si l'on songe que l'assemblée doit agir ; et, d'un autre côté, il est trop faible si l'on considère qu'elle doit délibérer. Le caractère mixte de la députation rend vicieuse toute combinaison de nombres. Élevez le chiffre, vous nuisez à l'action ; abaissez-le, vous rendez la délibération impossible.

Les élections sont faites par les électeurs politiques. Quiconque vote pour la nomination des députés aux cortès, ou pour la présentation des candidats au sénat, vote pour le choix des députés provinciaux. Ainsi le décide l'article 69 de la Constitution de 1837. Les diverses catégories d'électeurs pour les différentes élections sont inconnues en Espagne.

Pour être électeur, il faut être Espagnol, avoir vingt-cinq ans accomplis, jouir des droits politiques, n'être ni en état de faillite,

---

[1] Ces provinces, rangées par ordre alphabétique, sont : Alava, Albacète, Alicante, Almeira, Avila, Badajoz, Barcelone, Burgos, Cacères, Cadix, Castellos de la Plata, Ciudad-Real, Cordoue, Corogne, Cuença, Girone, Grenade, Guadalaxara, Guipuscoa, Huelva, Jaen, Leon, Lérida, Logrono, Lugo, Madrid, Malaga, Murcie, Navarre, Orense, Oviédo, Palencia, Pontevedra, Salamanque, Santander, Sarragosa, Ségovie, Servia, Séville, Tarragone, Teruel, Tolède, Valence, Valladolid, Vizcaya, Zamora ; les îles adjacentes, les Baléares et les Canaries.

de déconfiture, ou d'interdiction, ni sous le coup d'une poursuite judiciaire, ou d'une peine infamante. Il faut de plus être domicilié dans la province où l'on exerce ses droits, et justifier du cens fixé.

Le cens est acquis à tout Espagnol qui remplit l'une des quatre conditions suivantes : 1° qui paye 200 réaux vellons[1] au moins de contributions directes, somme équivalente à 50 fr.; 2° qui possède un revenu de 1.500 réaux (375 francs) au moins, provenant de biens ruraux ou urbains, de troupeaux, d'établissements de pêche ou de chasse, ou d'une profession pour l'exercice de laquelle la loi exige des études et des examens préliminaires : 3° qui paye, en qualité de fermier ou d'associé, une redevance en fruits ou en argent égale à 3000 réaux (750 francs) au moins; 4° ou qui enfin habite une maison, ou un appartement pour lui et sa famille d'un loyer de 2,500 réaux (625 francs) au moins à Madrid, de 1,500 (375 francs) dans les villes au-dessous de 50,000 âmes; de 1,000 (250 francs) dans celles de 20,000, et de 400 (100 francs) dans le reste du royaume.

Les conditions de l'électorat sont toutes dans l'intérêt des petites fortunes. Il y a peu de propriétaires qui ne payent 50 francs de contributions directes, peu d'hommes exerçant réellement une profession libérale qui ne gagnent 375 francs; peu de petits capitalistes qui n'aient un appartement de 100 francs au moins; peu de fermiers enfin qui n'acquittent 750 francs de redevances en fruits ou en argent.

On peut dire, sans exagération, que tous les producteurs espagnols sont indistinctement appelés à l'exercice des droits électoraux.

La loi, accusée, dans le congrès, de créer un monopole, ne l'emporta qu'à grand' peine sur un autre projet plus libéral, œuvre de la minorité de la commission. La grande et la moyenne propriété n'ont obtenu qu'un triomphe illusoire · la

---

[1] Le réal vellon vaut 25 centimes.

loi ne met point les droits en rapport avec les intérêts. Les petits propriétaires et les petits capitalistes dominent les autres électeurs par leur nombre, imposent leurs candidats et font prévaloir leurs vues. Mais si leur nombre est grand, leurs intérêts sont faibles; aussi l'élection n'est pas toujours l'expression fidèle de la plus grande somme des intérêts. Rien n'en souffre quand il s'agit d'élections politiques, parce qu'elles ont pour objet de former la représentation des droits ; il peut y avoir des inconvénients, lorsqu'il s'agit d'élections provinciales, parce qu'elles ont pour but de pourvoir à la gestion des intérêts. Mais la législation espagnole ne fait point de distinction entre les élections parlementaires, destinées à former les assemblées politiques, et les élections provinciales destinées à composer les assemblées administratives. Tout a un caractère politique.

Cela s'explique et par ce qu'on vient de voir et par ce qu'il faut ajouter : d'abord les électeurs sont les mêmes pour toutes les élections ; ensuite, à tous les degrés, on a songé aux droits, nulle part on n'a pensé aux intérêts ; enfin la catégorie des électeurs qui doivent leur inscription au revenu domine les élections. Cette catégorie comprend, outre les citoyens livrés à l'exercice des professions lettrées, les fonctionnaires de toute nature. Ceux-ci forment une classe d'autant plus nombreuse, qu'aux yeux de la loi espagnole toute fonction publique imprime un caractère presque indélébile à quiconque en a été revêtu. Tous les employés du gouvernement conservent le titre du grade, malgré les destitutions répétées, et perçoivent, sous des qualifications qui indiquent leur position expectante, des émoluments dont le taux suffit communément pour leur conférer le droit électoral. Son exercice est entre leurs mains un moyen de fortune; car leur position est telle que, pour eux, l'activité devient un besoin et l'influence une spéculation. L'espérance de rentrer dans un poste, dont ils conservent le titre et dont ils exercent quelquefois les fonctions par intérim, les éloigne de tout travail productif. Ils font des chances d'une élection un capital à exploiter. Les titulaires sont pour eux des ennemis favorisés par un parti que le parti contraire renversera. Membres, par intérêt, de la faction, dont ils espèrent leur réintégration, ils ne reculent, pour assurer leur triomphe, ni devant les émeutes, ni devant les révolutions. On comprend l'influence d'hommes qui joignent l'audace au besoin. L'audace est d'autant plus grande que les *fonctionnaires éliminés*, plus éclairés et plus actifs, agissent sur des masses moins instruites et souvent plus insouciantes. La majorité des élections est leur ouvrage. Le législateur semble avoir désiré leur prépondérance, en écartant des listes électorales les classes les plus paisibles de cette catégorie. Par une déviation notable des principes de la législation électorale, une loi spéciale, du 24 août 1837, défend de compter les émoluments des juges, des greffiers, des avoués, des huissiers et de tous les autres officiers ministériels, parmi les revenus qui servent à former le cens électoral. La société espagnole devait-elle craindre de donner de l'influence à des hommes dont les habitudes sont réfléchies, les instincts sages et les intérêts conservateurs, elle, dont tous les désirs sont pour une liberté sage, modérée et sans secousse?

Les députations en exercice dressent les listes électorales, écoutent les plaintes faites contre leur confection, et, juges et parties, prononcent sur les réclamations dont elles sont l'objet. Le préfet français est investi des mêmes pouvoirs. En France, la loi s'en repose sur la responsabilité des agents du pouvoir; en Espagne, sur l'honnêteté des magistrats élus. Le contrôle d'un corps intermédiaire eût été peut-être préférable.

A côté de cet inconvénient, si c'en est un, s'en place un autre qui aurait peut-être des dangers en France. Les circonscriptions judiciaires, circonscriptions électorales en même temps, sont généralement étendues, les communications avec le chef-lieu sont ordinairement difficiles, les Espagnols sont souvent tièdes sur l'exercice de leurs droits; on a conclu de tout cela qu'il fallait partager la circonscription électorale en petites fractions disposées pour la plus grande commodité des électeurs. Ce travail a été confié aux députations provinciales. Elles divisent la circonscription en autant de parcelles, appelées *districts*, qu'elles jugent convenable et désignent pour chef-lieu de chacune la localité qui leur paraît préférable. Le rapprochement des electeurs, la faible étendue des circonscriptions, rendent possibles et probables tous les inconvénients des élections morcelées.

Dans le lieu désigné par la députation s'ouvrent les opérations électorales; elles durent cinq jours. L'alcade de la commune, chef-lieu du district, préside la première réunion consacrée à l'élection d'un président et de quatre scrutateurs. Le président et les quatre scrutateurs dépouillent chaque jour le scrutin en lisant les bulletins à haute voix. Ils dressent ensuite un procès-verbal et nomment entre eux une commission chargée d'en porter une copie certifiée au chef-lieu de la grande circonscription electorale. La, sous la présidence du chef politique, si c'est une capitale de province, ou sous la présidence de l'alcade (si c'est un tout autre lieu), et en présence des membres de l'ayuntamiento de la localité, quatre commissaires, désignés par le sort, procèdent au recensement général des votes, proclament le résultat du scrutin et donnent un certificat de nomination aux élus.

Sont proclamés ceux qui ont réuni la majorité absolue des votes donnés dans la circonscription tout entière, les électeurs de tout le *partido judicial* formant un seul collége dont les citoyens des districts composent les sections. Si personne n'a obtenu la majorité absolue, les électeurs, convoqués par le chef politique, procèdent à de nouvelles opérations dans lesquelles la majorité relative suffit. Les fraudes sont aisées au milieu de ces complications; et personne ne reprochera l'excès de la défiance à la législation espagnole.

Le législateur de 1823 n'a point réglé les conditions de l'éligibilité. Tout Espagnol électeur ou non électeur est donc éligible. On doit évidemment excepter les citoyens revêtus de fonctions incompatibles avec les attributions de député provincial. Mais quoique le besoin de l'exclusion soit manifeste, de ce que la prohibition n'est écrite nulle part, les uns en ont conclu que tous les Espagnols pouvaient valablement être élus; les autres que tous les fonctionnaires nommés par le gouvernement et tous les membres du clergé étaient inéligibles. L'opinion des premiers n'a pas besoin de réfutation, celle des seconds ne se soutient pas mieux. Ces derniers font une loi, ils n'appliquent pas celle qui existe.

Aucun acte législatif ne prononce la double exclusion que ces derniers proposent. L'inéligibilité des fonctionnaires résulterait, selon eux, d'une déclaration toute particulière des cortès qui a annulé l'élection d'un promoteur fiscal judiciaire, et l'inéligibilité des membres du clergé n'aurait d'autre base que l'opinion de divers auteurs utiles à consulter, sans doute, mais impuissants pour prescrire. Les infractions à ces règles prétendues sont fréquentes : qui s'en étonnerait? Les prêtres, sortis du peuple, en ont toutes les idées ; les fonctionnaires, appartenant a un parti, en satisfont tous les emportements.

Personne ne doute de l'éligibilité de tout autre Espagnol. Le législateur, dit-on, pouvait se fier, pour la bonté des choix, à la sagesse des électeurs. Les hommes graves de l'Espagne n'en regrettent pas moins l'absence des garanties. Ils voient les conséquences de la loi et essayent, par leurs conseils, d'en atténuer les effets. Les deux interprètes les plus considérables du droit administratif espagnol, MM. Ortiz de Zuniga et Burgos, voudraient au moins que tout candidat à la députation fût tenu *de justifier des moyens d'une existence honorable.* Mais leurs avis restent des conseils stériles dont l'expérience apprend seulement à déplorer l'inefficacité.

L'Espagne a montré en ces matières autant de confiance que la Belgique a eu de prévoyance. Longtemps membres d'un même empire, les deux peuples ont longtemps suivi la même politique; habitués à la même indépendance municipale, ils étaient également préparés à la même franchise administrative, également partisans des mêmes assemblées exécutives ; ils les ont assises sur une base quasi-identique. Ils semblaient devoir les assujettir aux mêmes règles. Ils ne l'ont pas fait. Nous avons vu au chapitre précédent, sur la Belgique, avec quel soin la Belgique épure ses assemblées administratives, **avec quelle attention minutieuse** elle dresse ses longues listes d'incompatibilités, avec quelle sagacité inquiète elle pressent tous les cas où l'intérêt privé en contact avec l'intérêt général nuirait à la marche des affaires. L'Espagne n'a pas montré ces prudentes prévisions. Quelques esprits, amis de la philosophie de l'histoire, chercheront les causes de ces dissemblances dans la différence des caractères nationaux. Il appartenait, diront-ils, à un peuple économe, laborieux et riche, comme l'est le peuple belge, de faire de la gestion de la richesse publique l'objet de ses sollicitudes les plus vives. Il était peut-être dans la nature d'une nation plus généreuse qu'active, plus grande qu'intéressée, plus fameuse dans l'histoire que célèbre dans l'industrie comme l'est la nation espagnole, de se fier davantage aux hommes et de songer moins aux intérêts. D'autres trouveront une explication plus satisfaisante sans tant d'efforts. Il leur suffira de comparer entre elles les circonstances au milieu desquelles les deux lois ont été rendues. La Belgique procédait en 1836 avec la maturité et le calme d'un peuple se reposant, à l'abri d'un gouvernement régulier, des agitations d'une révolution depuis longtemps terminée. L'Espagne agissait en 1823 avec la hâte et les emportements d'une population en révolte, préludant aux tourmentes d'une révolution encore aujourd'hui pendante.

Aussitôt les élections achevées, les alcades des chefs-lieux électoraux donnent avis des nominations au chef politique. Il connaît ainsi le résultat des opérations. L'en instruire est, au reste, le but unique des avis. En France, où l'examen des titres est remis aux agents de l'autorité exécutive, ils auraient un peu plus d'importance. Les préfets en profiteraient pour réclamer les pièces, constater l'accomplissement des formalités, rechercher les droits des élus avant l'installation des conseils et épargner le temps fort court des sessions. Mais en Espagne, comme en Belgique, les députations vérifient elles-mêmes les pouvoirs de leurs membres, et prononcent sur les réclamations dont les élections sont l'objet. Cette double attribution a paru exorbitante à beaucoup d'hommes éclaires. Les uns[1] voudraient confier ces fonctions au chef politique, les autres[2] en investir des tribunaux administratifs dont le pays manque, mais dont nos conseils de préfecture leur offrent le modèle. Évidemment les uns et les autres se préoccupent trop de ce qui existe en France. Il est de l'essence d'un corps constitué, comme l'est une députation provinciale espagnole, de connaître de sa composition, et de la nature d'une assemblée élective de ne relever que des électeurs. Le respect dû au choix du pays l'exige ; l'indépendance de la corporation, la liberté des membres et l'excellence de la surveillance sont quelquefois à ce prix. Qu'on réserve l'intervention du pouvoir pour d'autres circonstances ou son efficacité sera plus certaine et son utilité plus incontestable. Le législateur français ne s'est écarté de ces principes que parce que le conseil général, simple assemblée administrative, n'est point à ses yeux un corps constitué.

La loi espagnole n'a point fixé la durée du mandat électif. C'est un oubli d'autant plus regrettable qu'aucun acte législatif antérieur ou postérieur à 1823 ne la détermine. Le gouvernement, abandonné à lui-même, fait procéder à des élections nouvelles tous les trois ans. Le renouvellement s'opère en entier : rien encore ne commande ce mode, rien non plus ne le défend. Seulement la loi électorale parlementaire le prescrit pour le congrès national, et on l'a appliqué aux conseils locaux sans se préoccuper de la différence des institutions. Les traditions sont nulles dans un corps renouvelé aussi complétement que fréquemment. D'un côté, les assemblées composées d'hommes nouveaux s'inspirent souvent, en se succédant, de principes contraires, et l'administration flotte au hasard. D'autre part, les membres découragés par la brièveté de leur mandat, n'osent entreprendre ce qu'ils n'espèrent achever, et l'administration languit.

La députation espagnole, comme la députation belge, se réu-

---

[1] Les membres de la commission chargée, en 1838, dans le congrès, d'examiner un nouveau projet de loi sur les députations provinciales.

[2] M. Ortiz de Zuniga, Éléments de droit administratif.

nit à jour fixe; le jour déterminé par la loi est le 1ᵉʳ mars. Installée par le chef politique pour toute l'année, elle n'est cependant pas en permanence continuelle; ses membres sont tenus seulement de s'assembler quatre-vingt-dix fois au moins en sessions ordinaires; il y a aussi des sessions extraordinaires quand les circonstances l'exigent. La députation espagnole n'a pas, comme la députation belge, le caractère de permanence; elle n'a pas, comme le conseil général français, une existence essentiellement limitée; elle semble participer plutôt de la nature d'un conseil municipal, toujours prêt à l'action, jamais en fonctions continuelles.

Le chef politique, et, en son absence, l'intendant, principal fonctionnaire financier de la province, préside l'assemblée. Le premier en est le président, le second le vice-président. Ils dirigent en cette qualité les délibérations et fixent l'ordre du jour. La loi leur accorde expressément le droit de discuter les propositions et de participer aux votes. Il était d'autant plus important de s'expliquer sur ce pouvoir, que son exercice est la seule voie ouverte aux membres de l'autorité exécutive pour influencer les opérations de l'assemblée. Jusqu'ici, en effet, nous avons vu la loi soigneuse d'écarter leur intervention. Délimitation des circonscriptions, confection des listes, jugement des réclamations contre les listes ou les élections, vérification des pouvoirs, fixation de l'époque de la réunion, toutes ces choses confiées en France au pouvoir, remises en Belgique tantôt aux hommes du gouvernement, tantôt aux assemblées populaires ou à la loi, restent en Espagne totalement étrangères au gouvernement. Mais, privé de toute autorité sur la formation des assemblées, il acquiert dans leur sein, par l'intermédiaire des chefs politiques, présidant, discutant et votant, la même action qu'exerce le gouvernement belge sur les conseils par l'intermédiaire des gouverneurs provinciaux investis des mêmes droits.

Les travaux de chaque séance, d'une durée de quatre heures au moins, sont variés. La députation examine les propositions, prend connaissance de la correspondance, discute et résout les affaires pendantes. En principe, aucune affaire ne peut être discutée, résolue ni décidée, si cinq membres au moins, outre le président et le vice président, ne sont présents. Mais quand l'assemblée n'est pas réunie, il suffit d'un député pour instruire les affaires courantes; il peut même les régler définitivement si l'urgence l'ordonne, ou, dit la loi, si la députation n'y trouve pas grand inconvénient. La députation y trouve rarement de l'inconvénient, puisqu'elle désigne ordinairement, avant de se séparer, un de ses membres pour agir dans l'intervalle des sessions. Son choix tombe de préférence sur celui qui habite la capitale de la province. Il est même investi de plein droit du pouvoir d'administrer, si la députation n'a confié ce soin à personne, ou si encore ses collègues sont trop éloignés. Il instruit seul dans cette hypothèse, et quelquefois décide seul toutes les affaires qui se présentent, sauf à en rendre compte plus tard à la corporation. Les conséquences de ce système n'échappent à personne. La partie de l'administration confiée à la députation tombe tout entière dans les mains d'un seul homme que le hasard désigne, et dont la loi n'exige aucune garantie. Le même inconvénient ne se présente pas quand la députation est réunie. L'instruction des affaires, il est vrai, est abandonnée à deux députés ou même à un seul; mais la résolution définitive est réservée à l'assemblée tout entière.

Il n'y a *résolution* qu'autant que la majorité absolue des membres composant la députation s'est prononcée. La résolution n'a la force d'un *décret* qu'autant qu'elle réunit la pluralité absolue des votes donnés dans la même opinion. Quand la pluralité absolue est impossible, ou quand les voix sont partagées, l'affaire est renvoyée à une prochaine session. Si, à cette session, on ne peut encore arriver au chiffre exigé, on appelle pour résoudre la difficulté un membre de la dernière députation. On ne s'étonnera pas que la loi espagnole fasse trancher une question administrative par un homme sans fonctions administratives, si l'on songe qu'elle considère comme appartenant toujours à l'administration quiconque y a passé.

Les élections, dans le sein de l'assemblée, se font aussi à la pluralité des suffrages ; mais en cas d'égalité de voix au premier ou au second tour de scrutin, le sort decide. L'élection du secrétaire a lieu suivant cette forme. Élu par la deputation, il est amovible à sa volonté. Il est chargé de la rédaction et de la transcription des actes émanés de la deputation. Ces actes sont de trois sortes : 1° les *dépêches*, que signe le chef politique en qualité de président, et qui sont adressées à tous ceux avec lesquels correspond la députation ; 2° les *expositions* et *expéditions*, qui sont adressées aux municipalités, au ministre, au roi ou aux cortès : elles sont signées par tous les membres qui y ont pris part quand on les soumet au roi ou aux cortès, et par le président seul quand on les envoie au ministre ; 3° enfin les *décrets*, que signe un député seul, et qui ont un caractère obligatoire pour les matières sur lesquelles ils statuent.

Les expéditions au roi et au ministre ne contiennent pas seulement l'exposé des vœux de la députation, mais encore l'expression de ses plaintes contre les employés du gouvernement. La loi va plus loin, et autorise les assemblées électives à censurer le gouvernement central lui-même. Dans ce cas, leurs plaintes sont adressées directement aux cortès. La loi, en leur conférant un droit dont elle espérait peut-être de bons résultats, s'y est surtout décidée à cause du caractère politique qu'elle leur reconnaît. On ne saurait donner en France un semblable pouvoir aux conseils généraux des départements, sans compromettre l'administration tout entière. Les préfets, placés sous la férule de leur censure, perdraient toute indépendance. Relevant tout à la fois du gouvernement qui nomme et destitue, du conseil qui censure et juge, ils seraient dans une position abaissée et intolérable. L'administration, vacillante entre les principes souvent opposés du gouvernement et des assemblées, perdrait sa force et son uniformité. D'un autre côté, les conseils érigés en tribunaux politiques jugeraient, sans trop les comprendre, les actes du gouvernement central, au point de vue de leurs intérêts et de leurs passions. Ils ne seraient pas seulement des causes d'embarras, mais encore de tiraillement pour l'administration, de faiblesse pour le gouvernement et d'agitation pour le pays.

ATTRIBUTIONS DES DÉPUTATIONS PROVINCIALES.

En Belgique, on a confié l'administration des provinces aux membres des députations. Mais la loi, en leur remettant ce dépôt, en a exigé des garanties proportionnées à l'importance des fonctions. Elle refuse les droits électoraux aux citoyens dont les prestations contributives sont inférieures au taux d'un cens soigneusement gradué. Elle prend, contre les erreurs possibles d'un collége électoral trop nombreux, les précautions de l'élection à double degré. Elle restreint le nombre des éligibles par des listes d'incompatibilités minutieusement dressées; elle centralise l'action administrative dans les mains d'un petit conseil, produit d'une seconde élection, et n'accorde le droit d'agir qu'aux élus des élus; elle place à côté et au-dessus de la députation une grande assemblée qui la surveille et la contrôle, et ne donne la force exécutoire à ses décisions que quand l'autorité supérieure les a expressément approuvées, ou, par un silence prolongé, les a tacitement acceptées. Enfin elle réserve au roi le droit de suspendre une assemblée factieuse ou de dissoudre un conseil incapable.

En Espagne, l'administration des provinces a été également remise aux députations provinciales. Mais dans ce pays, la loi, facile sur les conditions électorales, confère les droits d'électeur à tout Espagnol; ne pose aucune limite à la faculté de choisir, ne cherche ni à épurer les choix par une élection à double degré, ni à assurer la sagesse de l'administration par le contrôle d'une assemblée supérieure, ni à prévenir les fautes de l'ignorance ou les desseins de la malveillance, en conférant expressément au roi le pouvoir de dissoudre une députation incapable ou de suspendre une assemblée turbulente. Elle n'accorde au gouvernement le droit d'approbation que dans des cas fort limités ;

encore ce droit, trop restreint et mal défini, est-il souvent méconnu.

Le laisser aller de la législation espagnole est d'autant plus regrettable, que les attributions des députations provinciales s'etendent à tous les services publics importants. Les finances, l'armée, la milice nationale, les élections parlementaires, les travaux publics, l'agriculture, l'instruction et la santé publiques, l'administration ou l'aliénation des propriétés communales, l'établissement et la surveillance des municipalités, rentrent, à des degrés différents et suivant des proportions déterminées, dans les attributions des députations provinciales.

En statuant sur ces objets divers, les députations règlent des choses tantôt d'intérêt général, tantôt d'intérêt provincial, tantôt d'intérêt exclusivement municipal. L'exposé de leurs attributions sera fait suivant cette triple division. Commençons d'abord par les services qui intéressent le royaume tout entier.

En matière de finances, la législation espagnole a pour principe de constituer les assemblées électives juges exclusifs de l'établissement et de la répartition des impôts. Les députations, intermédiaires entre les cortès qui votent les impôts généraux et les ayuntamientos qui les répartissent sur les individus, représentant des provinces, et enfin corps hiérarchiquement supérieurs aux ayuntamientos, doivent à cette triple position de jouer un rôle important dans l'établissement des contributions générales, provinciales et municipales.

Les contributions générales se divisent en contributions extraordinaires, établies suivant les besoins du moment, et en contributions ordinaires, éléments essentiels et permanents du budget. Ces dernières contributions sont celles qui, sous le nom de *rentas provinciales*, servent en Castille à compléter l'abonnement des communes; sous celui de *cadastro*, en Catalogne, elles sont établies sur les meubles ou les immeubles d'un revenu fixe; sous ceux d'*equivalente* dans les royaumes d'Aragon et de Valence, de *talla* dans l'île de Mallorca, de *donativos* dans les provinces basques, elles composent la partie importante des impôts. La contribution dite *paja y ustensillos*, destinée à remplacer la paille et les ustensiles dont l'hôte était tenu envers tout soldat hébergé chez lui ; celle dite *culte et clergé*, destinée à subvenir aux frais du culte et à l'entretien du clergé, sont aussi des contributions ordinaires.

L'état de toutes ces contributions votées et réparties entre les provinces par les cortès, est adressé directement à la députation. Sur l'avertissement qu'elle donne de sa réception à l'intendant, celui-ci dresse un projet de répartition entre les communes. La députation l'examine, le modifie ou l'approuve. En cas d'approbation, la répartition est définitive, à moins que les municipalités surchargées n'élèvent des réclamations, dont la connaissance appartient sans appel à la députation. Ce mode de procéder, complétement conforme au mode suivi en France, nous est trop familier pour insister sur ses effets ; qu'il suffise de remarquer que les habitants des communes ont, comme la commune elle-même, le droit (droit refusé aux citoyens français) d'adresser à la députation les réclamations qu'ils croient fondées sur le montant du contingent communal.

Les attributions des députations sont d'autant plus étendues que l'intérêt général, moins engagé, laisse plus de place à l'intérêt provincial. Quand il s'agit des finances générales, les corps provinciaux n'ont qu'un simple droit de répartition ; quand il s'agit des finances provinciales, ils sont armés de pouvoirs presque illimités.

Lorsque, pour les besoins de la province, l'établissement de nouveaux impôts est nécessaire, les députations en adressent la demande aux cortès par l'intermédiaire du chef politique, qui la transmet au gouvernement, chargé d'obtenir l'assentiment de la représentation nationale. La demande de la députation est toujours appuyée de pièces justificatives, tant sur le montant des droits que sur les besoins à satisfaire et le produit présumé de l'impôt.

Les fonds provinciaux établis sont à la complète disposition de la députation. Un dépositaire nommé par elle, et agissant sous sa responsabilité, encaisse les capitaux ; ses opérations sont contrôlées par l'*official mayor*, autre fonctionnaire provincial nommé également par la députation, et chargé de surveiller les entrées et les sorties de fonds; enfin les ordonnances de payement, toujours adressées au dépositaire, sont exclusivement délivrées par la députation provinciale. Le gouvernement central n'a rien à voir dans le maniement des fonds ; et si la signature du chef politique est requise au bas de chaque ordonnance de payement, ce n'est pas en qualité d'agent du pouvoir exécutif, mais de président de la députation, qu'on la demande; on la lui demande comme signe de contrôle.

Le contrôle supérieur n'existe que pour l'examen des comptes. Le dépositaire les rend chaque année, au commencement du mois de mars, à la députation, qui, après en avoir constaté la sincérité, les adresse au gouvernement. Remis par le ministre de l'intérieur à la cour des comptes, ils y sont examinés et définitivement vérifiés.

Le budget des recettes provinciales n'est pas extrêmement considérable; il en est autrement du budget des municipalités. En France les communes, tenues d'acquitter certains droits sur les objets de consommation, conviennent souvent avec les agents de l'administration de payer au trésor une certaine somme annuellement débattue, au delà de laquelle elles ne peuvent être poursuivies. Les communes qui ont fait ces conventions sont *abonnées*; elles ont fait un *abonnement*. Les municipalités espagnoles jouissent de la même faculté, mais dans des limites plus étendues. Les abonnements ne s'étendent guère en France qu'à certains impôts indirects, comme les octrois, les droits de consommation et de détail sur les boissons, etc. Les *encabezamientos* s'appliquent en Espagne à toutes les redevances. Les bases en sont arrêtées par les municipalités, mais ces arrangements ne deviennent définitifs qu'après l'examen de la députation. Elle revise, rectifie, change ou approuve le montant des abonnements, le mode de recouvrement, en un mot toutes les conventions faites entre les agents du trésor et l'ayuntamiento. Elle est même libre d'augmenter ou de diminuer le total de la somme convenue;

mais elle est tenue de combiner ses opérations de telle sorte que les arrangements municipaux n'amoindrissent jamais le contingent provincial.

L'examen et l'approbation de la députation sont également requis pour la confection des budgets municipaux. En France, la loi confie tantôt aux sous-préfets, tantôt aux préfets, tantôt remet au roi le soin de régler les budgets des communes. En Espagne, les députations en sont toujours chargées. Le budget, formé par les ayuntamientos dans le mois d'octobre, est adressé aux députations, qui l'examinent, le rectifient, le modifient ou l'approuvent selon qu'il leur paraît convenable.

Les comptes des municipalités sont également soumis à leur examen. Dressés par le *dépositaire* municipal, ils sont examinés une première fois par l'ayuntamiento. Exposés en public pendant trois jours de fêtes, ils sont soumis au contrôle de tous les contribuables, dont toutes les réclamations sont recueillies. Réclamations et comptes sont ensuite adressés à la députation, qui examine, censure ou approuve, et remet le tout avec son avis au chef politique, pour obtenir l'approbation de l'autorité supérieure.

Les attributions des députations s'étendent à toutes les contributions publiques; elles répartissent les impôts généraux, vérifient et contrôlent les finances municipales, établissent, surveillent et emploient les fonds provinciaux. Leurs pouvoirs n'ont en cela rien que de fort constitutionnel et de très-conforme à leur institution; mais on leur a reconnu des droits moins en harmonie avec leur nature. Elles sont dans l'usage de changer les bases des budgets municipaux, d'accorder des franchises et des concessions en dehors de leurs pouvoirs, d'approuver l'établissement de droits d'étal et de vente dans les marchés publics, et d'en vérifier les comptes de perception. La loi leur concède même indirectement le droit d'établir des impôts dans certains cas. Supposez en effet que le budget d'une commune soit clos en déficit, que, de plus, elle ait à faire des travaux d'une urgence démontrée : dans ce cas la députation peut, au profit de la municipalité embarrassée, frapper la population d'une taille nouvelle ou d'une surtaxe aux droits d'octroi ; et si l'impôt n'excède pas 10 réaux vellons par habitant, les cortès devront en autoriser la perception sur le simple extrait des pièces. Il est juste de dire que si le droit dépasse la somme de 10 réaux vellons, l'autorisation ne serait accordée par les cortès que sur le vu de toutes les pièces. Mais il n'en est pas moins certain que, dans la première hypothèse, les députations sont libres d'ouvrir aux municipalités des crédits supplémentaires sans contrôle sérieux, et de créer à leur profit un moyen d'action redoutable. La nature expansive des corps électifs explique ces usurpations, sans les justifier. Les tendances démocratiques de l'Espagne actuelle, et la faiblesse de son gouvernement facilitent merveilleusement les envahissements financiers des députations, et rendent fort difficile toute réforme répressive.

Les impôts ne sont proportionnellement établis qu'autant qu'une statistique exacte des biens et un recensement complet de la population leur servent de base. Aux députations a été confié le soin de veiller à la formation des états de propriété et des rôles de recensement.

Si la statistique était dressée en Espagne avec tous les développements qu'exige la loi, aucun autre pays n'en posséderait une plus complète. Exposant l'état de la richesse publique, elle comprendrait la topographie du royaume, la météorologie, les trois règnes animal, végétal et minéral, la division territoriale, les subsistances, les établissements de bienfaisance et d'instruction publique, les mœurs et les coutumes des habitants, le commerce, l'industrie, les voies de communication, et enfin l'état de l'agriculture, ses progrès et ses entraves, ses produits et ses dépenses. Mais la réalité ne répond point toujours aux prescriptions de la loi. Les ayuntamientos ont pourtant mission spéciale de les remplir.

Chacun d'eux est tenu de dresser, d'après des modèles fournis par le gouvernement, la statistique de la commune, et de l'envoyer à la députation. La députation forme celle de la province entière, en résumant, avec les corrections et les révisions que lui suggèrent l'intelligence du pays et la connaissance des affaires, toutes les statistiques particulières des communes.

Le recensement de la population est fait par les mêmes autorités. Les ayuntamientos dénombrent exactement toute la population de leurs communes respectives, qu'elle soit agglomérée dans les villes, répandue dans la campagne ou disséminée dans les couvents, les ermitages, les hospices pour les mendiants ou les refuges pour les passants. A l'aide de ces données, les députations forment le recensement de la population de toute la province. Le sexe, l'âge, l'état, la condition, la classe de chaque individu doivent y être soigneusement indiqués. S'il est étranger, on mentionne la nation à laquelle il appartient ; s'il est du clergé, on constate sa qualité ; enfin, s'il est noble, on indique son titre : la loi s'efforce, autant qu'elle le peut, de rendre le recensement complet.

Les députations interviennent d'une façon assez influente dans les opérations dont le recrutement de l'armée est l'objet. Elles procèdent surtout en qualité de supérieurs hiérarchiques des ayuntamientos. Tout Espagnol valide, célibataire ou veuf sans enfants, âgé de 18 à 25 ans, est soldat. Les ayuntamientos dressent les listes des jeunes soldats, les divisent en catégories selon leur âge, procèdent au tirage au sort en commençant par les plus jeunes, et en n'appelant les plus anciens qu'autant que les cadres ne sont pas remplis; reçoivent ou rejettent les remplaçants, déclarent réfractaire quiconque ne se présente pas le jour du tirage au sort ou manque à l'appel le jour du départ. Les députations écoutent et prononcent sur les réclamations dont la formation des listes est l'objet; statuent sur les inscriptions ou les exclusions contestées; recherchent les fraudes commises dans leur confection, s'enquièrent des coupables, les condamnent à l'amende ou les dénoncent à la justice, répartissent entre chaque commune le contingent de soldats; reçoivent les plaintes des communes qu'on a surchargées, des soldats exempts qu'on enrôle, des remplaçants qu'on écarte, des réfractaires qu'on condamne, infligent l'amende aux alcades, aux ayuntamientos ou aux secrétaires coupables de négligence ou d'incurie, et livrent aux tribunaux les fonctionnaires coupables de délits caractérisés. Mais, comme les tribunaux eux-mêmes, les députations ne prononcent qu'autant que des réclamations leur sont adressées, et ne statuent en dernier ressort que quand l'ayuntamiento a déjà une première fois prononcé.

C'est également à titre de supérieurs hiérarchiques des ayuntamientos que les députations connaissent de l'organisation des milices provinciales. La milice provinciale est composée de tous les Espagnols valides, domiciliés et âgés de 18 à 25 ans accomplis, que la loi n'excepte ni n'exclut du service. Sont exclus les infirmes, les soldats en activité, et les Espagnols privés de leurs droits civiques par une condamnation judiciaire. Sont exceptés les citoyens entrés dans les ordres sacrés, les chefs politiques et leurs secrétaires, les membres de l'ordre judiciaire, les députés aux cortès, les officiers retraités, les instituteurs primaires, et enfin les étrangers. Tous les Espagnols exclus ou exceptés du service de la milice payent une contribution mensuelle de 5 à 50 réaux. Les journaliers, les domestiques, les mendiants, les soldats en activité, les officiers jouissant d'une retraite de moins de 500 réaux, sont seuls affranchis de l'impôt.

L'ayuntamiento de chaque commune dresse annuellement les rôles de la milice, en écarte les citoyens affranchis ou exclus, fixe la cote de l'impôt dont ils sont tenus, en perçoit et en administre les produits, touche le montant des condamnations disciplinaires, préside soit personnellement, soit par des commissions tirées de son sein, à l'élection des officiers de tout grade et à celle des membres du conseil de discipline. Les députations provinciales, de leur côté, reçoivent et approuvent les comptes dont la contribution des Espagnols exempts du service fait l'objet, organisent la milice en divisions, brigades, bataillons et compagnies, créent des escadrons de cavalerie dans les localités qui le permettent, et des compagnies d'artillerie dans les places où les ayuntamientos en réclament, et enfin président, d'accord avec l'inspecteur de la province, à l'entretien, l'équipement et l'armement des miliciens.

Partout la loi, soigneuse d'étendre l'autorité municipale, écarte l'action du pouvoir exécutif. Elle a envisagé la milice comme la force propre à chaque province, a songé à en remettre la formation aux mains des autorités locales, et à en faire une barrière contre les entreprises gouvernementales. Choisies par les ayuntamientos et organisées par les députations, les milices sont à leur dévotion. Les municipalités, dans la rédaction des listes, sont plus attentives à inscrire des amis qu'à n'oublier personne ; dans la fixation de la taxe, elles se préoccupent plus de l'opinion politique que des facultés pécuniaires; dans les jours d'élection, elles s'enquièrent beaucoup plus des tendances qu'elles ne recherchent les capacités. Les milices ainsi composées, ainsi organisées, sont de redoutables instruments que l'esprit d'ordre et de modération ne met pas toujours en mouvement. Rarement le gouvernement central y trouve aide contre les résistances locales; quelquefois on les a vues, composées en majeure partie d'hommes sans propriétés, sans industrie, sans famille, agiter tout le pays, et préparer une révolution pour la plus grande réussite des spéculations illicites de contrebandiers sans foi politique.

En matière d'élections parlementaires, les députations ont des attributions fort indépendantes de celles des ayuntamientos, et en même temps fort étendues. Elles sont chargées de dresser les listes d'électeurs. Elles y inscrivent tous les citoyens réunissant les qualités précédemment énumérées, exigées des électeurs provinciaux. Les ayuntamientos les préparent, mais les députations les arrêtent définitivement, statuent sur les réclamations et résolvent les difficultés. Les réclamations ne sont reçues que du 1er au 15 juillet; pendant ces quinze jours, les listes sont exposées en public. Ces listes ne sont point permanentes ; elles sont révisées chaque année, et refaites à chaque élection. A chaque élection encore, les limites des districts électoraux sont fixées. Tous ces travaux sont remis aux députations.

Les électeurs de chaque district n'élisent pas un seul député chargé de les représenter, mais ils votent sur l'élection de tous députés nommés par la province. Les candidats sont ordinairement indiqués par des juntes électorales préparatoires, qui les proposent ; mais les électeurs votent directement pour l'élection de chacun d'eux. Les membres du bureau dépouillent le scrutin, et une commission nommée par eux en porte le résultat à la capitale de la province. Là commence une autre opération, où la députation apparaît de nouveau. Une commission composée des députés provinciaux et des commissaires de district procède, sous la présidence du chef politique, au recensement général des votes, résout toutes les difficultés survenues dans le courant des opérations électorales, et proclame les élus.

Est-il nécessaire de faire ressortir toute l'influence que ces combinaisons donnent aux députations sur les élections parlementaires ? L'assemblée qui dresse les listes, qui juge sans appel toutes les réclamations dont leur confection est l'objet, qui fait et refait les districts électoraux, qui prononce définitivement sur toutes les difficultés survenues dans le courant des opérations, qui recense tous les votes, qui proclame tous les élus, touche de bien près à l'omnipotence.

« L'intérêt limite les droits. » Les attributions des députations, basées sur ce principe, s'étendent ou se restreignent à mesure que l'intérêt provincial croît ou diminue. Les finances générales, l'armée, la milice nationale, les élections parlementaires concernent presque exclusivement l'État; la province est presque hors de cause. Il convenait de ne donner aux députations qu'un pouvoir excessivement limité. Aussi voyez leur autorité se renfermer, en matière de finances générales, dans les bornes resserrées d'une répartition ; dépasser fort peu, en matière de force publique, les opérations préparatoires du recrutement, et n'excéder, en matière de milice provinciale et d'élections parlementaires, les données des principes constitutionnels que pour satisfaire les besoins de résistance peut-être nécessaires à l'Espagne pour reconquérir la liberté.

Mais quand l'intérêt provincial ou local est exclusivement engagé, ses pouvoirs deviennent presque illimités. Il convient maintenant de les exposer.

Les travaux publics sont tantôt nationaux, tantôt provinciaux et tantôt municipaux; les attributions des députations dont ils sont l'objet se modifient en suivant la spécialité de leurs caractères. Les travaux intéressent-ils tout le royaume? Exécutés par l'État, la province y reste étrangère; les attributions des députations se borneront à la surveillance dont le gouvernement jugera utile d'investir ces corporations. Elles révèlent pourtant, sans avoir besoin de délégation, les abus qu'elles observent. Un tel droit serait certainement sans inconvénient si les députations, pour constater les malversations, ne s'entremettaient quelquefois, malgré les défenses expresses de la loi municipale, dans la direction économique et politique des ouvrages.

S'agit-il de travaux d'un intérêt provincial ou local? la députation est armée d'un pouvoir d'initiative étendu. Elle en sollicite l'entreprise auprès du gouvernement, lui montre les avantages de la construction; les nécessités de la réparation, dresse les plans, expose les moyens, et, en cas d'insuffisance de fonds, propose l'établissement d'impôts nouveaux.

Les ayuntamientos sont chargés de la confection des travaux. La construction ou la réparation des chemins, des ponts et des chaussées, destinés à la communication vicinale, leur sont confiées sous la direction et la surveillance de la députation.

Les assemblées provinciales n'exercent aucune action directe sur l'administration des établissements de bienfaisance; cette action est entièrement remise aux juntes municipales de bienfaisance nommées par les ayuntamientos. Il faut en excepter pourtant les fondations de charité réellement entretenues aux frais des provinces, dont la surveillance est exclusivement confiée aux députations.

L'agriculture et l'éducation des bestiaux ont en tous les temps vivement préoccupé l'administration espagnole. La culture de la vigne, le bon emploi des eaux pour les irrigations, le prompt desséchement des lagunes et des marais, la conservation des forêts de l'État, des communes et des établissements public sont attiré spécialement l'attention de l'Espagne. Les priviléges accordés aux laboureurs [1]; les dépôts de grains (entretenus aux dépens des municipalités et destinés, moyennant un intérêt modique, à fournir du blé aux citoyens nécessiteux pour ensemencer leurs terres) établis dans la plupart des communes ; enfin les banques créées dans quelques localités pour aider les cultivateurs et les sauver du fléau de l'usure, attestent la sollicitude du législateur pour la classe agricole. Les dispositions qui défendent les défrichements, les coupes et les tailles dans les forêts, qui ordonnent le rétablissement des futaies, qui organisent une police pour la conservation des bois, prescrivent les précautions pour le défrichement et la mise en culture des terrains défrichés, occupent une large place dans le Code administratif espagnol.

L'éducation des bestiaux n'est pas l'objet d'une moins constante attention. La loi règle l'usage des pâturages et encourage la formation des sociétés d'éleveurs. Les deux plus fameuses sont d'abord celle dite *Association générale des éleveurs du royaume*; en second lieu et surtout celle qui, connue sous le nom de *Honrado consejo de la Mesta*, composée de tous les bergers et de tous les propriétaires de troupeaux, et revêtue d'une sorte de juridiction, se réunit une fois tous les ans.

Les députations surveillent et encouragent l'accroissement de ces deux sources de la richesse publique. Elles propagent les mesures utiles et soumettent au gouvernement les projets d'amélioration qu'elles conçoivent ou qu'on leur propose, soit dans l'intérêt de la province, soit pour l'avantage de tout le royaume.

Quand la députation propose les améliorations réclamées par l'agriculture et sollicite les travaux publics dont la province a besoin, elle agit dans l'intérêt des communes ; seulement le carac-

---

[1] On ne peut les arrêter ni les saisir dans le temps qui s'écoule entre la moisson et l'époque où les blés sont battus, s'ils fournissent caution suffisante. On ne peut les enlever de leur domicile, quelle que soit la demande ou la plainte formée contre eux, et ils ne peuvent renoncer à ce privilége. On ne peut saisir le blé fourni par le dépôt (*posito*) pour ensemencer leurs terres. Enfin l'administration du dépôt ne peut exiger le payement du blé qu'elle a fourni avant le mois d'août de la même année, époque ordinaire de la récolte.

tère de généralité, imprimé a cette partie de ses fonctions, empêche de les classer parmi les attributions dont l'intérêt municipal est l'unique objet. Mais il y a des choses dont les ayuntamientos connaissent en premier lieu, et qui ont pour but l'avantage exclusif des habitants d'une seule municipalité; il reste à en parler.

Rangeons dans cette classe les attributions relatives : 1° au règlement des budgets et des comptes communaux dont il a été déjà question, à l'instruction publique, aux propriétés communales, à l'établissement des corps municipaux, etc.

Les députations, chargées de propager les lumières et de conserver la santé publique, veillent à la fondation des écoles dans les communes de 100 habitants, procèdent aux examens des maîtres, tiennent la main à ce qu'ils justifient des conditions de capacité exigées par la loi, et enfin présentent au chef politique des candidats : 1° pour composer avec d'autres personnes la commission supérieure d'instruction primaire chargée de diriger l'instruction primaire dans la province ; 2° pour remplir les places de directeurs facultatifs des bains et eaux minérales. C'est à cette dernière et insignifiante fonction que se bornent leurs attributions sur la direction de la santé et de la salubrité publiques. Cet important service appartient exclusivement aux juntes de santé établies dans chaque province

Elles n'ont pas un pouvoir beaucoup plus étendu sur les prisons publiques, dont les dépenses sont portées en partie au budget des communes. Leur administration intérieure est également remise à des juntes spéciales dites *juntes économiques des prisons*, et nommées par les ayuntamientos. Cependant, deux membres de la députation assistent sans avis aux quatre visites générales faites tous les ans par la junte spéciale. Ils présentent un rapport, résultat de leurs visites, à la députation sur l'état de la prison, sur la police, la nourriture et l'entretien des condamnés, enfin sur la sûreté et la commodité des lieux.

Quoiqu'il ne soit pas interdit aux provinces espagnoles de posséder des biens en propre, elles n'en ont pas : la loi ne les considère pas comme des personnes civiles. Il n'en est pas de même des communes ; leurs propriétés mobilières et immobilières forment un capital immense. Les maisons communes, les prisons, les greniers publics, les fontaines et les sources d'eaux vives, les réservoirs, les abreuvoirs, les halles, les abattoirs, les places de marché, les théâtres, les promenades, les parcs publics sont autant de propriétés communales. Les municipalités possèdent encore des prairies, des pâturages, des bois et des futaies. Ces dernières propriétés sont considérables, malgré les ventes et les partages faits aux habitants en vertu des actes législatifs rendus en 1770, 1813 et 1834. Plusieurs communes ont encore des rentes ou des capitaux placés dans les banques. L'administration de tous ces biens, nommés *propios*, est confiée aux ayuntamientos; mais les députations en arrêtent le mode d'exploitation. Si des capitaux sont à placer, elles les font déposer dans les banques, convertir en rentes nationales, ou utiliser en travaux; si des biens sont à administrer, elles les font ordinairement adjuger à bail aux enchères publiques, ou, si personne n'offre un fermage suffisant, elles autorisent la municipalité à les gérer elle-même pour le compte de la commune, ou à les faire exploiter par un citoyen choisi à cet effet et suffisamment cautionné. Il est urgent que leur sollicitude porte principalement sur la conservation et le bon aménagement des bois communaux, sur le rétablissement des futaies abattues et le reboisement des forêts arrachées. Exposée à toutes les ardeurs d'un soleil brûlant, l'Espagne déboisée serait bientôt stérile, et ses rivières changées en torrents dévasteraient leurs rives, seuls terrains qui soient encore aujourd'hui féconds.

Les députations, qui règlent toujours le mode général d'administration, s'immiscent quelquefois dans la gestion même des biens communaux. Si un débiteur est dans l'impossibilité d'acquitter un fermage pour une cause suffisamment justifiée et indépendante de sa volonté, parce que la grêle, les sauterelles, une inondation ont rendu sa terre stérile, les députations sont libres de lui accorder des délais, en les renfermant dans l'espace d'une année. Mais leur pouvoir ne va jamais jusqu'à accorder la remise de la dette. Si le débiteur sollicitait cependant pour de justes motifs sa libération complète, la députation, après avoir entendu l'ayuntamiento, instruirait l'affaire et adresserait les pièces, par l'intermédiaire du chef politique, au gouvernement, seul investi du droit de le décharger.

Non-seulement les corps provinciaux connaissent de l'administration des propriétés communales, mais encore ils peuvent en autoriser l'aliénation à titre de vente, d'échange, de bail à cens. Il importe peu qu'il s'agisse de meubles ou d'immeubles, de rentes ou de fonds de terre. Leur droit est aussi général qu'il est absolu. Il est général, puisqu'il s'étend à tous les biens municipaux, qu'ils aient reçu une destination spéciale [1] ou qu'on ne leur en ait point donné; il est absolu, puisque la simple autorisation de vendre donnée par la députation suffit pour que l'aliénation puisse s'opérer. Jamais l'intervention du gouvernement n'est nécessaire. La loi oblige seulement la députation à constater si l'emploi du prix de vente est avantageux à la commune. Rien ne saurait donc arrêter l'exercice d'une faculté aussi exorbitante en soi qu'inconciliable avec les attributions d'un corps délibérant. Les biens des communes « frappés de substitution au profit des générations futures, » selon les expressions fort justes d'un membre du congrès, peuvent être dissipés à la fantaisie de députations passionnées ou irréfléchies, sans que le gouvernement, plus calme ou plus sage, ait le moyen d'en arrêter la dilapidation.

Tuteurs des communes, les députations connaissent de tous les intérêts municipaux. Supérieurs hiérarchiques des ayuntamientos, elles surveillent tous leurs actes. Ces actes sont excessivement variés. Les fonctions municipales embrassent, dans la sphère communale, tous les services publics. Les attributions des députations s'étendent avec elles, et prennent un caractère d'activité qu'elles n'ont pas dans les régions provinciales. Aux ayuntamientos sont confiés le desséchement des marais, la direction

---

[1] Tels sont ceux affectés à l'entretien des établissements de bienfaisance.

des eaux stagnantes ou insalubres, la police des cimetières ruraux, celle des subsistances, des abattoirs et des halles, l'embellissement des villes, la distribution des eaux potables, la nomination des médecins et des vétérinaires; la création et la conservation des chemins vicinaux; l'administration des établissements de bienfaisance, des dépôts de grains, des biens des communes, et l'emploi des fonds municipaux; la proposition du budget; les encouragements à l'agriculture, à l'industrie et au commerce; la gestion des théâtres et autres établissements consacrés aux divertissements publics; enfin la police de salubrité, qui s'étend aux rues, aux marchés, aux hôpitaux, aux prisons, aux maisons de correction, de charité et de bienfaisance. Les attributions des municipalités, qui dans tous ces services ne s'exercent que sur des choses exclusivement municipales, s'appliquent aussi à des objets d'une utilité plus générale. Ainsi les ayuntamientos ont mission de préparer les tables statistiques, de tenir les registres de l'état civil, de dresser le recensement général de la population et des propriétés; de prendre les précautions nécessaires en cas d'épidémie ou d'épizootie; de répandre l'instruction primaire en établissant des écoles et autres établissements publics; de répartir, recueillir et verser les contributions directes dites *rentes provinciales, équivalentes, culte et clergé;* de faire tout ce qui est nécessaire pour le recrutement de l'armée, les logements, bagages et fournitures des soldats; de dresser les rôles de la milice, de recueillir les impôts affectés aux dépenses et à l'entretien de ce corps; enfin de former les listes des jurés comme aussi celles des électeurs, et d'intervenir dans les actes préparatoires des élections.

Toute l'administration active est dans la main des ayuntamientos, et, par leur intermediaire, dans celles des députations. Toutes les affaires du ressort des municipalités leur sont subordonnées; elles s'en font rendre compte d'office lorsqu'elles le jugent utile, et en connaissent par voie de recours lorsque les particuliers forment des réclamations. Leur décision est sans appel; quelquefois elles la sanctionnent par des amendes; mais jamais elles ne la font suivre de la suspension de la municipalité coupable. Elles ont des droits sur leur création et leur composition, mais non des pouvoirs sur leur existence.

Leurs attributions sur l'organisation des municipalités ont deux objets. En premier lieu, elles veillent à ce qu'il y ait des ayuntamientos dans toutes les communes peuplées de 1,000 habitants au moins, et même dans les pays moins peuplés, si les circonstances l'exigent. Leur pouvoir est exercé sans contrôle ; elles sont seules juges de l'opportunité et des besoins de la contrée ; bien plus, elles peuvent rendre la création d'une municipalité indispensable ou impossible, en changeant les limites des communes : il est vrai que la loi, en exigeant que tout changement de circonscription soit soumis à l'approbation du gouvernement, a sagement tempéré ce qu'un tel pouvoir avait d'exorbitant.

Les députations en second lieu prononcent sans recours ultérieur sur les excuses ou refus des charges municipales, et sur les demandes en nullité formées contre les élections communales. Qui croirait que ces questions de la plus haute gravité, et dont dépend la composition des corps administrateurs par excellence, peuvent être décidées par un seul député, souvent redevable de son pouvoir au seul hasard de son domicile? Les demandes d'excuses, de nullité d'élections, sont en effet dites affaires urgentes, et, à ce titre, résolues, au moins quand elles sont formées dans l'intervalle des sessions, par le député préposé pendant ce temps à l'expédition des affaires.

Telles sont les fonctions dont sont investies les députations des provinces espagnoles, tant sur les choses d'intérêt général et provincial que sur celles d'intérêt municipal. En les exerçant, elles agissent ou comme auxiliaires du gouvernement, ou comme protecteurs des intérêts provinciaux, ou comme conseils de l'administration.

A titre d'aides du gouvernement, elles répartissent les impôts directs, approuvent les abonnements des communes, dressent les rôles pour le recrutement de l'armée et de la milice, prononcent sur les cas d'exemption présentés par les soldats et les miliciens, pressent l'établissement des ayuntamientos, statuent sur les excuses de leurs membres, connaissent des réclamations dont la formation des listes ou les opérations electorales sont l'objet, surveillent les prisons et les travaux publics, maintiennent la salubrité et répandent l'instruction.

En qualité d'administrateurs de la province et de protecteurs de ses intérêts, les députations contrôlent les ayuntamientos dans l'exercice de leurs fonctions, règlent le mode de gestion des biens communaux, accordent des délais aux fermiers embarrassés, surveillent les établissements de bienfaisance, approuvent les budgets des communes et en vérifient les comptes.

Enfin, conseils du gouvernement, les députations provinciales donnent des avis, expriment des plaintes et présentent des projets. Elles instruisent l'autorité centrale des abus commis dans la confection des travaux publics, adressent des rapports au ministre, au roi, aux cortès, sur la marche de l'administration et la conduite des fonctionnaires; soumettent au gouvernement leurs plans et leurs vues sur l'agriculture, l'éducation des bestiaux, l'industrie, les arts, le commerce, la conservation des travaux anciens et la construction des ouvrages nouveaux.

Si leurs attributions n'avaient pas reçu dans la législation espagnole une extension que ne comporte pas toujours la nature des assemblées délibérantes, elles ne s'étendraient pas à des objets dont la connaissance est réservée dans d'autres pays à l'autorité exécutive ou au pouvoir législatif. On ne permettrait aux députations ni de prescrire le mode de recouvrement des abonnements communaux, ni d'en refaire les budgets, ni d'autoriser en dernier ressort l'établissement d'impôts municipaux, ni d'en régler la perception, ni de s'ingérer dans l'organisation militaire de la milice, ni de dresser les listes électorales, ni de changer les districts électoraux, ni de recenser la population, ni de faire la statistique de la province, ni d'évoquer d'office la connaissance des actes municipaux, ni de prescrire aux ayuntamientos des mesures d'exécution, ni d'autoriser la vente des biens communaux.

Toutes ces choses, réservées au gouvernement ou aux cortès, sortiraient complétement de leurs mains ; sur la plupart des autres leur autorité cesserait d'être souveraine. Leurs décisions, surtout quand l'intérêt général serait engagé, deviendraient sujettes à recours devant le gouvernement. Lui seul est le gardien des intérêts généraux et le protecteur des droits de tous : une corporation locale n'en saurait décider sans appel. Dans l'état actuel des choses l'approbation supérieure est rarement exigée. Exceptez les changements de circonscriptions territoriales, la suppression des municipalités, l'établissement des impôts locaux, la remise des dettes communales ou la vérification des comptes, et vous trouverez peu de mesures qu'il faille aujourd'hui communiquer au gouvernement, ou déférer aux cortès. Bien souvent même les députations brisent les faibles liens qui les rattachent au pouvoir ; éludant les prescriptions légales, elles se passent d'une approbation nécessaire, et agissent en maîtresses dans les provinces. État de choses qui, en rendant le présent déplorable, prépare un avenir plus redoutable encore. Espérons pourtant que ces corporations, à force de produire l'anarchie, ne feront pas désirer la dictature ; mais, et ce mal est fait, elles auront suspendu l'administration. Seul lien entre le gouvernement et les municipalités, les députations, par leur indocile dépendance, ont interrompu les rapports entre le pouvoir qui dirige et l'autorité qui exécute. L'administration, réduite aujourd'hui à la simple gestion des intérêts municipaux, utile aux communes sans servir le pays, ne reprendra son rang qu'autant que le gouvernement, libre de reviser tous les actes des corps provinciaux, conduira les ayuntamientos par l'intermédiaire des députations.

Les députations provinciales ont des employés élus par elles pour l'expédition des affaires. Un mot sur chacun d'eux.

Le maniement des finances est remis à un dépositaire (*depositario*), qui agit sous le contrôle de l'*official mayor*. Ce dernier surveille l'entrée et la sortie des fonds, reçoit et fait exécuter les ordonnances de payement délivrées par la députation. Au-dessus de l'official mayor est placé le secrétaire de la députation qu'il supplée en cas d'absence. Ce secrétaire, chargé de la surveillance des bureaux, veille à l'exactitude et à la conduite des employés, à la transcription des pièces et à l'expédition des affaires; il minute les procès-verbaux des séances et tous les actes des députations sur un registre spécial. Ses fonctions sont incompatibles avec celles de député, et, s'il est élevé à cette dignité, il doit opter dans les huit jours de l'élection. Il a sous ses ordres, outre l'official mayor et les employés inférieurs occupés de l'expédition, un préposé à la garde des archives et à la conservation des actes provinciaux qu'on nomme *official segundo*.

Ces trois fonctionnaires touchent, sur les fonds publics de la province, le même traitement que celui affecté aux employés du même grade attachés au chef politique. La députation, qui ne peut dépasser ce chiffre, peut l'abaisser, en réglant le budget provincial. Elle tient ces employés sous une dépendance complète et peut les destituer lorsqu'il lui convient. Dans ce cas, ils ne jouissent d'aucun traitement de disponibilité ni de retraite.

Les voies et moyens à l'aide desquels les députations exercent leurs attributions et commandent l'obéissance sont réglés par la loi. On sait que les députations communiquent avec le roi, les cortès, les ministres, les municipalités et les particuliers, et transmettent ainsi, par la voie d'une correspondance officielle ou par celle des pétitions, leurs réclamations ou leurs demandes. Elles peuvent demander directement des renseignemens, exiger des documents de toute personne. Libres, comme les députations belges, de procéder à des enquêtes, elles donnent ordre de les faire aux municipalités ou aux particuliers, ou nomment, pour y procéder, des commissions prises dans leur sein.

Pour forcer l'obéissance, pour châtier l'insubordination, pour punir la malveillance, pour redresser l'inhabileté, les députations condamnent les particuliers ou les municipalités coupables à des amendes dont le maximum est fixé à 1,000 réaux (250 fr.). Mais elles n'usent de ce droit, qu'autant que les fautes ont un caractère administratif et ne constituent ni des délits ni des crimes punissables d'après le Code pénal.

L'égalité n'est point parfaite en Espagne. Proclamée en principe pour tout le pays, elle n'est pas en réalité partout appliquée. Si la division nouvelle du territoire a beaucoup fait pour la cause de la centralisation, elle n'a pas nivelé le sol comme en France. La législation laisse percer çà et là les institutions du temps passé. La loi, en établissant partout les députations, les a partout organisées sur les mêmes bases et investies des mêmes attributions. Cependant les provinces d'Alava, du Guipuscoa, de Biscaye et de Navarre ne sont pas placées sur la même ligne que les autres provinces du royaume. Dans les trois premières, les députations, constituées d'après les mêmes principes, jouissent d'attributions plus étendues. Non-seulement elles sont investies des mêmes pouvoirs, mais elles exercent encore, sur l'administration des revenus et l'exercice des droits provinciaux, les fonctions réservées autrefois aux juntes générales et particulières du pays et aux députations forales : elles recueillent de plus les impôts connus sous le nom de *dons volontaires* et veillent à ce que le versement en soit fait dans les caisses du trésor au temps fixé.

La députation de la province de Navarre diffère des autres corporations provinciales du royaume et par son organisation et par ses attributions. Elle est composée de sept individus nommés par les citoyens des cinq districts judiciaires du pays, appelés *merindades*. Ceux de Pampelume et d'Estella élisent chacun deux députés, les autres sont choisis dans les trois merindades les moins peuplés. Ces fonctions qui ne peuvent être refusées donnent droit, comme en Belgique, à une rétribution modique. Indépendamment des attributions accordées aux députations du reste du royaume, elles sont revêtues, en ce qui touche les finances et l'administration de tous les droits, biens et propriétés communales et provinciales, et sur leurs produits, des fonctions exercées autrefois par le conseil de Navarre et la députation du royaume. Le chef politique en est le président, comme dans les autres provinces ; mais l'intendant n'y a point entrée ; le doyen des députés en est le vice-président.

Ces différences dans les attributions paraîtront presque insignifiantes aux esprits sérieux. Leur conservation a pourtant largement contribué à prolonger la guerre civile dans ces contrées. L'orgueil provincial et la civilisation imparfaite des montagnards basques et navarrois leur rendaient ces joujoux nationaux aussi chers que les libertés les plus précieuses, et la cupidité des contrebandiers rattachait à leur maintien la conservation des douanes, ruineuses pour le commerce et l'industrie de leur pays, mais fructueuses pour eux. Par un acte de vigueur, les douanes ont disparu et la contrebande s'est éteinte avec elles; par esprit de sagesse la diversité des institutions a été maintenue. La centralisation y a perdu, mais la paix en profite. La nation s'applaudit de la préférence donnée à ses véritables intérêts sur l'application d'un bon système théorique.

Extrait de la *Revue de Droit français et étranger*,
publiée à Paris par MM. Fœlix, Duvergier et Valette, tome Ier, 1844,
éditée par Joubert, libraire de la Cour de cassation.

www.ingramcontent.com/pod-product-compliance
Lightning Source LLC
Chambersburg PA
CBHW060715050426
42451CB00010B/1461